Taqqat uummammut aqqutaannut
takorluukkat apuuffiannut

The Veins of the Heart
to the Pinnacle of the Mind

Taqqat uummammut aqqutaannut takorluukkat apuuffiannut

Aqqaluk Lynge

Assilialiortoq Aka Hoegh

Nutserisut
Ken Norris & Marianne Stenbaek

The Veins of the Heart to the Pinnacle of the Mind

by Aqqaluk Lynge

Illustrations by Aka Hoegh

English translation by
Ken Norris & Marianne Stenbaek

International Polar Institute
Montreal • Hanover

Aningaasaliisut/ Funding:
McGill University—SSHRC Institutional Grant

napa norden
www.napa.gl

Qujassuteqarfigiumasat/ Acknowledgements:

Matumuuna qujaffigerusuppakka Marianne Stenbaek, McGill University aamma Peter Mittenthal, IPI Press ilungersuullugu upperimmassuk kalaallit atuakkiaat tuluttut atuarneqarsinnaanngorlugit siaruarneqarnissaat pisariaqartuusoq.

Aammattaaq qutsavigersusuppakka, Kenneth Yalowitz aamma Ross Virginia, Dartmouth Collegip immikkoortortaani Dickey Center for International Understandingimi pisortaasut immikkut ilisimatusartutut qaaqqusatut piffissaqartissimammannga atuakkamik uuminnga naammassisaqarsinnaanissannut.

Naggataagullu nuliara Erna Lynge Dartmouthimiinnitsinni tapersersuineranut suliallu ingerlanerani qiimmassaajuartarneranut asannittumik qutsavigaara.

I would like to thank Marianne Stenbaek, McGill University, and Peter Mittenthal, IPI Press for so passionately believing in the necessity and desirability of making Greenlandic literature available to an English speaking audience.

I also want to thank Kenneth Yalowitz and Ross Virginia at the Dickey Center for International Understanding, Dartmouth College for giving me the time as a Dickey Fellow to devote to the manuscript.

Finally, I would like to thank my wife Erna Lynge who accompanied me to Dartmouth and lovingly encouraged me throughout the process.

Aqqaluk Lynge
Nuuk, Kalaallit Nunaat/Greenland

ISBN 978-1-60585-793-0

design: Harp and Company Graphic Design

Imai

Contents

Taqqat uummammut aqqutaannut takorluukkat apuuffiannut

Taallat annakkumalluni allatat, Aqqaluk Lyngemit

Ilulissat aakkiartortut, sermersuaq aakkiartortoq—tassa Kalaallit Nunaat silap allanngoriartornerata qiterpiaani ippoq; Kalaallilli Nunaat aamma allanngornerni taamatulli annertutigisuni siusinnerusukkut qitiusimavoq—tassa piniartuunermiit inuiaqatigiinnut nutaaliaasunut Europamut Amerikamullu avannarlermut aallaaveqartunut ikaarsaariarnerup nalaani.

Kalaallit Nunaanni inuiaqatigiit ukiuni tusindtilinni tassaasimapput inuiaqatigiit Inuit, qangaaniilli piniartuusut. Qallunaatsiaat kristusip inunngornerata kingorna ukioq 1000-ip missaani Kujataanut pipput ukiulli 1400-ip missaani periarfeerullutik tammarlutik. Arfanniat imarsiortullu allat sineriammut pisarsimagaluartut aatsaat 1721-imi danskit palasiat lutherikkuusoq, Hans Egede, tikimmat silarsuarmut attaveqarneq nutaaq aallartippoq. Kristumiussuseq niuernerlu nunasiaateqalersunit eqqunneqarput, piniartutulli inuusaasitoqaq naleqqussarneqarpoq attanneqartuinnarlunilu. Kalaallit Nunaat taamani nunasiaavoq matoqqalluinnartoq, 1953-ip tungaanut danskit inatsimminnik tunngaviusunik allannguillutik Kalaallit Nunaata nunasiaanerannik kipisitsinerata tungaanut atorfilittaannit danskiusunit aqunneqarluni.

Nunasiaajunnaarnerup kingorna Kalaallit Nunaanni inuuneq allanngoriartupiluulerpoq ilaanni allaat ingasalersartumik, Inuillu kulturiat ataannarumalluni silarsuarmi nutaaliaasumi allanartumilu sorsuttuartariaqalerpoq. Kalaallit Nunaat nunasiaasimanerminiit makeqqinnialerluni namminеq kinaassutsi pingaartitanilu salliutileramigit ullunut nutaanut namminersorneruffiusunut ikaarsaalerpoq namminеernerujartulerlunilu avannaarsuani namminеq immikkuullarissumik kultureqarnerminik nukittoqquteqarluni.

Nunasiaasimasorpassuit 50 aamma 60-ikkunni qilerussaarumalersut namminersorumalermata kalaallit inuusuttut aamma ilaaqqupput. Ulluni taakkunani nunat inoqqaavisa siuttuisa ilaat tassaapput kalaallit inuusuttut ilinniartut Københavnimi najugaqartut. Aqqaluk Lynge suleqatigiinnut Kalaallit Inuusuttut Ataqatigiinnut siuttuuvoq, suleqatigiiffiullu taassuma kulturikkut naalakkersuinikkullu allannguuterpassuit aallarnerpai naggataagut 1979-imi Kalaallit Nunaata Namminersornerulerneranik kinguneqartumik.

Aqqaluk Lynge Danmarkimi ilinniartuutilluni ilungersuanartorsiortarluni naalakkersuinikkut eqeeriartulerpoq eqqumiitsuliortutullu saqqummilerluni. Soorlu 1984-imi oqaloqatigiitsilluta ima oqaluttuukkaanga:

"1960 aamma 70-ikkunni ilaat misigisimapput napparsimaveqarnikkut nutaaliaasumik sullinneqalersimanerput pillugu qujamasuttariaqartugut, tamatumali nalerpiaani kulturitta, kinaassutsitta imminullu ataqqinitta ilarujussui aserorterneqarput. Imminut ataqqineq pigileqqikkumallugu sorsulerneq tamanna inuusuttorpassuit taalliortut, eqqumiitsuliortut nipilersortartullu takkussulernerannik nassataqarpoq ukiut kingulliit 10-15-it isumaliortaatitsinnik ilusilersuisunngortumik. Tamannalu Kalaallit Nunaanni naalakkersuinikkut pissutsinut eqqumanerulernermik nassataqarpoq.

Aqqaluk Lynge Københavnimi Isumaginninnermut Siunnersortinngorniat Ilinniarfianniit 1976-imi soraarummeerpoq. Ilinniarnera danskit kalaallinik qallunaanngorsaallutik inatsisiliortarnerisa inuttut atugarliornerpassuarnik nassataqarnerannut isiginnittaasiannik tunngaviliivoq. Qallunaanngorsaaniaraluarnerup, piniartutut inuussutissarsiornermiit sulisartutut inuussutissarsiulernermut ikaarsaariarnermik aammalu kalaallit inuusaassitoqaannik aseruinermik ilaqartup, kinguneri imminornerpassuartigut, atornerluinertigut, imerajunnikkut, aammalu takornartatut misigilernikkut ikiorfissaaruttutullu misiginikkut allannguutinit pilertorpallaarujussuartunit allaaveqartukkut erserneqarput. 1960 aamma 1980-ikkut akornanni ukiut mumisitsiffiupput naak allannguutit ilarpassui qallikkut eqqissiviiliornertaqarpasinngikkaluartut. Tassamiuna "Kalaallit Nunaanni mumisitsineq" oqaluttuarisaanermi nunasiaasimasut mumisitsinerisa aattaqanngitsut arlaqanngitsuinnaasut ilagigaat, inuttulli pilliutit suli amerlaqaat.

Ukiuni taakkunani Aqqaluup danskinut "naalakkanut" akerliuniarnera kalaaleqatiminullu asanninnerata alliartornera taallatigut erseriartulerpoq. Inuusulluni ilinniartuutilluni taalliortalersimagaluarluni 1976-imi Københavnimi ilinniartooreerluni Kalaallit Nunaannut uterami allattarnerminik pimoorussinerulerpoq:

> *"...Allakkunnaarsinnaannginnama allattuaannalerpunga. Naalakkersuinermut tunngasunik allaaserisarpassuaqartarpunga, naalakkersuinermullu tunngasunik taalliortarpunga naalakkersuineq pillugu allaaserisaqartillunga eqqarsaatikka allass-*

allugit takivallaartarmata imaluunniit nassuiar-uminaappallaartarmata, eqqarsaatikkalu tamakku taalliarisarpakka. Amerlanerit misigissutsinik aallaaveqartarput, naalakkersuinikkut eqqarsaatinik pinnatik, kisiannili amerlaqisugut misigissuser-isatsinnik danskinut allanullu avataaneersunut tusartinneqartariaqaraluartunik, aallaaveqarput..."

Danskit alaallillu tusartikkumallugit Aqqaluk oqaatsit marluiit atorlugit allattarpoq, maannnalu aamma tuluttut allattalersimalluni. Taallat oqaatsiniit oqaatsinut assigiinngissitaatsiartarput:

"Oqaatsit marluiit atorlugit allattarama taallaq ataasiugaluaruniluunniit oqaatsit marluk atorlugit tusartitassanut assigiinngitsunut marluinnut tusartinneqarsinnaasarpoq. Soorunami oqaatsit arlalit atorlugit allassinnaassuseq periarfissatsialassuuvoq..."

Atuagaq una taalliaanik kalaallisoortunik tuluttoortunillu imaqarpoq; taalliortorlu nutserneqarnerannut akuulluinnarsi-mavoq, naallu taallat taakkuugaluarlutik oqaatsit marluk immikkuullarissuunerat pissutigalugu assigiinngittarput.

Aqqaluup taalliai Kalaallit Nunaata oqaluttuassartaanik nutaanerusumik aammalu inuiaqatigiit Inuit Skandinaviamiusut nutaaliaasutut inuiaqatigiinnut kalaallinut aporaattartumik pingaartitaqarfiusutut aaqqissugaasutullu allanngoriartortitaanerata nalaanni inuttut atukkat allanngornerannut ersiutaapput. Aqqusaakkat tamakku kalaallit avataaniit sunnerneqarnerminni danskillu oqartussaasut "qallunaanngorsaaneranni" inuuginnarniarlutik ilungersorfigisimavaat. Inuiaqatigiinnik allanngortitsiniarnerit nunasiaasimasorpassuarni nunallu inoqqaavisa amerlaqisut akornanni silarsuarmi tamarmi aqqusaarneqartarsimapput; taallallu uku tamakku oqaluttuassartarisinnaalluaraluarpaat.

Nunat inoqqaavisa akornanni kulturi aammalu suut naalakkersuinermut tunngasut imminnut qanittuararsuukkajuttarput. Naalakkersuinikkut pituttorsimajunnaassagaanni kulturikkut pituttorsimajunnaaqqaartariaqarpoq, aammalu naalakkersuinikkut pituttorsimanngissuseq piusinnaanngilaq imaluunniit navianartorsiortinneqarsinnaalluni kulturikkut qilersorsimagaanni. Taalliortut, qalipaasut aammalu atuakkiortut inuit atugaannik naalakkersuinikkullu pissutsinik allannguiniarnermi siuttuusimapput kulturikkut naalakkersuinikkullu qalliuniarneq aammalu inuiaqatigiit namminneq qilersorsimannginnissaminnut ilungersornerat pillugu suaartartuullutik; taakku nipaat pissaaneqaqaaq kikkut tamalaat takorluuisinnaanerat attortaramikku ersersittaramikkulu.

Aqqaluk Lynge taallat atorlugit takorluuilersitsisarneq naalakkersuinikkullu suliniarneq atorlugit kalaallinut sunniuteqarnerpaanut ilanngussimavoq, tassa nunamini nunanilu allani. Kalaallit Nunaanni Inuit Issittormiut Siunnersuisoqatigiiffianni nunat tamalaat akornanni Inuit suliniaqatigiiffianni sinniisoqartitsivigisartaannilu maanna siulittaasuuvoq. Inuit Ataqatigiinnik, Kalaallit Nunaanni naalakkersuinikkut suliniaqatigiiffiit pingaarnerit ilaannik, pilersitsisuuvoq kalaallillu aasami kulturimik sammisaqartarfiin Aasivinnik (1975–1993) aallarneeqataasuulluni. Kalaallit Nunaanni naminersornerullutik oqartussani iluanni Inatsisartuni ilaasortaasimavoq assigiingitsunullu Naalakkersuisuusarsimalluni. Atuakkiortuuvoq filmiliortuullunilu, aammalu Kalaallit Atuakkiortut Peqatigiiffianni suleqataalluartuulluni. Naalagaaffiit Peqatigiit Nunat Inoqqaavi pillugit Oqallittartoqatigiivini siulersuisunut ilaasimavoq (2005-2007) aammalu nunat inoqqaavisa nunarsuarmi sumi tamalaani ittut inuttut pisinnaatitaaffii pillugit sorsuutiginnittuarsinnarluni. Inuunermini suliniartuarnini pillugu Kalaallit Nunaanni Inatsisartunit aammalu Danmarkimi Dronning Margrethemit nersornaaserneqarsimavoq.

Aqqaluk Lyngep taalliai atuakkami uani saqqummersinneqartut ukiut 35-ingajaat ingerlaneranni allagaasarsimapput. Taallat uummammeersuuginnaratik aamma qaratsameersuupput: inuusaassitoqqami takorluuisaatsimik, aammalu nunap asaqisami inuinik nunataanillu aallaaveqaqalutik. Taallat siulliunerusut danskinut nunasiaatilinnut akerliunermik imallit; misigissusia taannaavoq nipaali allanngorsimalluni. Kalaallit aniguisimapput, maannalu namminerisaminnik naalakkersuisoqaannaratik inuiaqatigiinngorsimapput nutaliaaliaasut ineriartorluartut, nunasiaanerminni ikiligaasimanerminnik killiligaasimanerminnillu qaangiiaartorusaartut. Taallani kingulliunerusuni isiginnittaasia allanngorsimavoq; qangatut akerliuniartigiunnaarsimapput kisiannili kalaallit aammalu Inuit allat silarsuarmi siuttutut saqqummersarlutik iluatsitsisarneri nuannaarutiginerulersimallugit. Inuit allat kisiisa pinnagit aammali nunat inoqqaavi allat aammalu Danmark nutaamik attaveqarfigineqalersimapput. Mumisitsineq qaangiutivissimanngikkaluaq kalaallit, nunap aammalu kulturip asasaasa annannissaat qularnarunnaarsimavoq.

Kalaallit maanna namminerisaminnik Inatsisartoqalersimapput aammalu Namminersornerullutik Oqartussaalersimapput suliassani amerlanerpassuarni tamakkiisumik namminneq oqartussaallutik; Kalaallit Nunaat Kunngeqarfimmut Danmarkimut suli atavoq taamaattorli Amerika Avannarlermut aammalu Alaskami, Canadami Ruslandimilu Inunnut nutaamik qaninnerusumillu attaveqaleriartorpoq. Naak inuttut pilliutigineqartut annertuallaatsiartarsimagaluartut sulilu sorsugassaqaraluartoq taamaattoq Kalaallit Nunaata ullumikkut killiffia iluatsitsiffiusimasutut oqaatigisariaqarpoq.

Silarsuarmi nunat inoqqaavisa amerlaqisut Kalaallit Nunaat nunat inoqqaavisa nutaaliaasut angusaqarsinnaassusiannut takussutissatut maligassatullu isigisarpaat. Nunat inoqqaavisa 330 million sinnerlugit amerlassuseqartut ilungersornerat suli naammassinngilaq "kinguaariit tillitat" silarsuarmi inissavitsik pillugu suli sorsuuteqarmata.

Aqqaluk Lynge silarsuarmi nunat inoqqaavisa siuttuisa ataqqineqarnerit sunniuteqarnerillu ilagilersimavaat. "Uummataani taqqat isumaliutaannilu pingaarnerit" aalajaattuarsimapput inuiaqamminut pitsaanerusussamik isiginninniartuarlutik: Inuit kisiisa pinnagit, nunalli inoqqaavi tamaasa pillugit.

Aqqaluk Lyngep inuit pisinnaatitaaffii nunallu inoqqaavisa atugarissaarnerulernissaat eqqarsaatigalugit angusaqangaarsimanera nersorlugu taallat uku saqqummersissinnaagatsigit tulluusimaarutigingaarparput silarsuarmiulu tamarmi nunat inoqqaavinut pigitillugu. Neriuppugut taallat uku kikkunnut kulturikkut naalakkersuinikkullu annannissamik ilungersuuteqartunut maligassiuittuinnarumaartut.

Marianne Stenbaek
McGill University
Montreal, Canada

Nutserisut Kelly Berthelsen

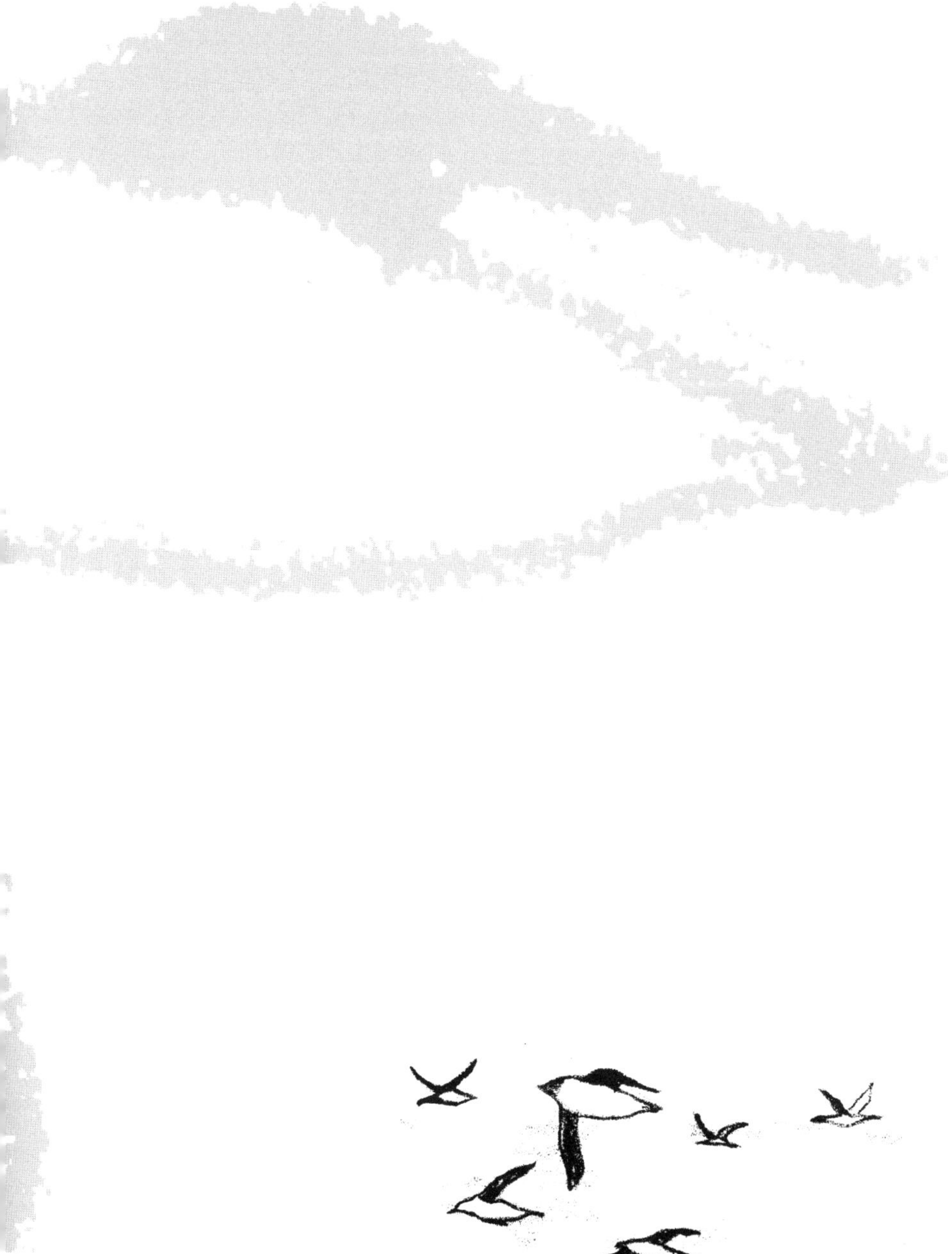

Ataqqeqatigiittut

Qanga—ila qanga
nammineq inuugallaratta
uagut nammineq nunatsinni
Taamani tusartarpagut
avani qannguluk
ullut pingasut sioqqullugit
tuttorpaat ingerlaarnerat

Qanga—taamani
kisitsineq atunngilaq
nalunngittuarparpulli
ullut unnuallu arfineq-marluk
qaangiuppata
kuuk ikaareersimassagaat.

Pisassavut nalunngilavut
ilisimavarpullu malussarissup
tusassagaa meeqqap qiarpalua
naajannguulluunniit qarlorpalua

Qanga—taamani
suna tamarmi
naammattusaarineruvoq
ataqqeqatigiilluta
uumasut uagullu

Ullumikkulli tigusatut inuuvugut
sissuertut sumut pigaanni
qalliuniartut pasivaatigut
unnerluussatullu killisiorluta

Nuna assiliorpaat
uanngaanniit uunga titarlugu
aana killissaa
aana ilissi aana uagut
Tuttut uaniipput
aaku timmissat
aamma aaku aalisakkat

Suna tamaat killormut pivaat
uagutsinnullu uppernarsaqqullugu
apeqquserlugulu
ilumut inuusugut
nunalu tummaarigipput

Ataqqeqatigiittut aaku kisimik
uagut uumasullu.

Arnarulunnguaq

aallaannartusi uiit toquvoq
aamma aqqalussat kiisa malinnaavoq
sulilu angalanersi iluamik aallartinngitsoq
taamaattoq aalajangerputit
sunaaffa qimussimik angalanersuaq
piviusunngorumaarmat

angalanersuup erloqinartui
tamaasa atorpatit
arnamummi angalaarneruvoq suliassartaqartuartoq
allatummi ajornartumik
angutaagaanni arnaagaanniluunniit
ulloq naallugu ingerlagussi
unnuisariaqalertarpoq
kissartortornissarlu
illit suliassaraat
qulleq ikikkukku neqissaq qalassavat

tamarmik qaarsilaalerpata
kilorpartissaatit
ammerilerlutillu
ulu meqqullu sakkugalugit

Arnarulunnguaq
ila kilut qassit mersorpigit
kisissaanngillat
angallavik tamaat
ujaloq
ulussakkut ilersat
suli naatinnagu
sumut qiviartarpit?
isumaliuutivit suna aqqusaartarpaat

Arnarulunnguaq angalanersuit
inuup ataatsip tusaamasaassutaa
ilinnut angalanerinnaavoq
piniarneq
allatulli ittoq

inuk kisivit, ukisileruit
tupigiviuk—
inuuneq nutaamik pissarsivik?
angutit marluk qamutini
ajattorlugillu kaassuagarni
issersuup ataani ippullugu
neqissaq qinerlugu
inuussutissaqarnissaq kisimi

suna ilunni misigaajuk
ataqqinassuseq ujagaat
sussarinagu
angalaneq piniarfimmi
ataqqinaaserneqanngitsoq
naggueqaternili inuuneq
inunni ilittulli inuusuni

tikitarni tamani
illit Miterlu eqqaamaneqarpusi
tikiffigisarni tamani
Arnarulunnguaq—
silassorinnerit qiimanerillu
katassanatik piujuarput
eqqaassusinngilaatsit
allaaserinatillu
anersaalli
nakuussusillu
ataavarput
naggueqatitta attataat
illeqartinnagu nunarsuaq ilaannakuuvoq
angalaneq apuuffeqanngitsoq

Inuit nunaanni angalaneq

Pileriallarama maani qeqarlunga nunarsuup isuani
soorluli ajataasimallunga soqanngitsorsuarmiit
Tupallunga uerujussuarpunga isikkalu tangiarterlugit
Nalornilerpunga apuuffissannut pisimanerlunga
qangali tikissallugu qilanaarisannut
Eqqarsalerpunga sinnattuinnaasimasoralugu
sumiissuseerussimasoralunga

Tassanngaannarli isumasilerpara
tassamiuna apuullunga maanga nunarsuup isuanut
angalanerup uniffianut
Aana qaqarsuaq ilisarnaataa
Uummannaq
Inussuit uummatimikkut suli najugaat
—naak inui?

Eqiilersutut misigilerpunga
tassamiuna maanga apuussimavunga
angalanerit aallaaviannut
Inuit nunaasa isuannut
Uummatit inaannut.

Ilassivugut illalaarlutalu
naak aatsaat Mitip erneri naapillugit
nunaqarfitoqqaminni ujarlersut
angummik ilerfata ujarattassaanik
maani Uummannap timaan

Angalanermi isorartuumi
Inuit nunaanni kajaallaanermi
Mitikkut tumisiorlugit
naapippara utoqqarsuaq
Tikerarmiu, Alaskap kiterpiaani naajugalik
oqaluttuartoq
Qangarsuarooq ila itsarsuaq
siulitik aallartut
ilai kangimut ilaallu kimmut
Angalaneq isorartoqaaq
aqqullu sivisoqaaq
inuuneq ingerlavoq
utoqqaat toquppata
kinguariit tulliisa nangissavaat
ilai peeruppata allat takkutissapput
tammaagutta immitsinnut naneqqittaraagut
Ilaqutariit peeruppata nutaat pilissapput
naggueqatigiit ataavarput
inuuneq ingerlaqqilertaraaq
sumilu tamaani takussaapput iliveqarfiit
qaqqap uummatigasup ataani

Maanna apuuppunga maanga
aqqut ungasikkaluaqisoq erloqinartartorlu atorsimallugu
misigilerpunga soorlu taamani

Arnarulunnguaq illorpassuaqarfissuarmut pilluni
tupigusoqisoq qamutit ingerlasut
qimuttoqanngitsut takullugit
illut qaleriissaakkat portoqisut tupigalugit
oqarporlu inuit taama inuusut
tassanngaannaq ajunaarsinnaasut

Akilinermi, Naajaani angut naapippara
illoqarfimmi najukkama assinga takullugu
pilerpoq illusi qaleriissaartut sooruku?
Inissaaleqinerassi?
Tassa inuujunnaarsimavusi
taamma oqarmat ajuallappunga
illersoriaraluaramalu tusaajumanngilaq
—allatut inuuneqaleratta
Inuujunnaarnerluta?

Ajunaarnersuarmik nalaataqariarnanga
Mitip nunaqarfittaavanut apuuppunga
Moriusamit kangimut taqqava ersippoq
qaqqaq ilisarnaq, Uummannaq
Angalanerit tamarmik aallaaviat
maanna qimataq
allalli tiguagaat
inunnut tummaqqusaanngitsoq

Uummannaq maanna napavoq
kipisanerup eqqaassutissaatut
angallaviit tamarmik aallaaviat
Inuit nunaata isua
kiserliornerup kipiffia
angerlamut apuuffik.

Maanna Mitip ernerisa
angummik ilerfata ujarattassaanik aallerfigaat
uummatip nunaqarfitoqaani

Inuit Nunaata isua tikippara
Inussuit najugaat
Angalaneq isorartoqisoq naasuusivoq
naak aallartilaaginnarluni
Toqumi aamma aqqusaagassaraarput.
timilu angerlarfissaqarpoq

Maani Uummannami
angallaviit aallarfianni
aqqutissanut allaasunut
piffissami nutaami
maanna piareerpugut
ingerlaqqissalluta

Aatsaat angalaneq aallartilaaginnarpoq

Tupigusullutik angalapput

Tupigusullutik angalapput—
nunami allanertami
qularalugu uumassusillit
inuuffigalugulu najorsinnaagaat.

Tupigusullutik angalapput
tikikkamillu pileriarpaat
inoqartoq kisimiissoralutik
imminnut "Inunnik" taasunik.

Tupigusullutik angalapput
tikilluaqqusaaneq angeqaaq
Ajornaqaarli tikeraat
ittuujuipput killeqaratik

Tupigusullutik angalapput
Sumut pigunik taamannaannaq
Inuit misissugaraat
atisai atortuilu tingoorarlugit

Tupigusullutik angalapput
Nuna taama angitigisoq
ilami aamma inukitsigisoq
suna tamaat atsersorsimanaviannngilaat.

Tupigusullutik angalapput
nuunnguuppat qaqqarsuuppalluunnit
taannaqa atsersulerpaat
ataqqiumallugu una, alla imminnulluunniit.

Tupigusullutik, angalagamik
angerlamullu apuullutik
Nuna assilioramikku
Inuillu allaaseralugit

Tusaamasanngorput nersornaasigaallutillu
saqqarmiut ilaallu ilanngullugit
angallavigisimagamikku nuna
Inuit najugaat inuuffiallu.

Sukkut tamaana

Sukkut tamaana—tassa ileqqutoqarsi
—annernaranilu malunnanngilaq
avatigummi suli atapput uumallutalu.

Sukkut tamaana—nuna ussersassuarsi
una naammaqaaq ilissinnut sinneqarpoq

Sukkut tamaana—inatsit maleruagassarlu
—ilerasunnersuaq kisimiliuna.

Sukkut tamaana—nappaammik tunillakkutsigut
—qangali napparsimavilioriissavatsigut.

Sukkut tamaana—ilinniarfiliussavatsigut
—oqaatsivullu puiorsarlugit.

Sukkut tamaana—illuliuulluta
—attartugassatsinnik.

Sukkut tamaana—pavunga aarlortarpoq
—akiniarneqarnialeqigami.

Sukkut tamaana—isumakkeerfigeqquvusi
—uagulli qattutivillusi.

Aallaannaleqaanga

uanga nutarterinersuaq piumasarinngilara
allamilliuna anguniagaqarusulersunga
taamaattumik isumaqataavunga

tassaana imaammat
ajortoqartoruna
ataatsimik, naa, suna tamarmi
angallatinnik arsaarpaannga
illora sanavaat
paniga aallaruppaat
ernituaralu avalatsillugu

qanigisaarutilerpaannga
pisuussutikkalu tamakkilerlugit

oqartarput arlaannik ajortoqartoq
nalunngilaralu
sunaasoq
tassaana
suersuaq qiiaamminartoq
issersuarlu
sikulu atorssaalluanngitsoq
aa—aallaannaleqaanga

Tarrara aanngarpat

Inuit angalaannarallaratta
uniffissamik naluvugut
pisariaqanngimmammi.
Qallunaalli tikiummata
nunallu iluani nassaarlutik
piiaaffiliorput
inuillu angalaannartut
qaaqqullugit
uneqqullugit
suleqqullugit

Nannunniarajooq orniguttunut ilaavoq
piiaaffimmullu unitsitaalluni
Imaarmassuk nikinngiliaq.

Sulisoq suliassaaruppoq
misiliineq ajutoorpoq
piniarnerlu killeqarpoq
Eqallut sisamat
qassutinut ataatsinut
ullormut—inummut ataatsimut
piniarfik akunnattoq.

Inuunermit ungooramitigut
maanna unguvaatigut
soriarfissaqarata.

Maanna piumaffigaatigut
qanga inuunerput takuteqqullugu
Inuuneq tammareersoq
titartaqqullugu
avittaqqullugu
qiperueqqulluta
sanaloqqulluta
Inuunerput tarrereersoq
taanna pigisimasarput.

Aamma taanna peeruppat
asiulluni tammarpat
kigutikka katagalerpata
kikkarsinnaajunnaarlungalu
inussakka qerattarpata
isigiarsulerlungalu
suna sinnerutissava
tarrara aanngarpat.

Ilanngarpaatigut-aasiit

illup ilua kiakkaluaqisoq qiiavunga
naallu oqoraluaqalunga
iseravit takuara kiinnat
isitit qiviarput
aperipput akivakka
nalunngilat nalunngikkiga

oqaluuppugut
aliasunnerpullu
ukiut untritillit erloqinartuisa
eqiteruffiattut oqimaatsigaluni
tuttoq sakissatsinnut misigilerparput

inuunerput timerpullu
akigitissimavarput
ulluinnarni malunnartuartoq
torlulaatigiuagarput
saannguatsinnut pivoq
sakissatsinnut tuppoq
annilaarnartumik nukittulluni
ullumi

torlulaarpugut
ilarpunngooq toquvoq
ilanngarpaatigut-aasiit

suisiuna!
suisigut-una!
sumukarpisi taama ungasitsigisumut?
tikkuartuivugut ulorianartut

naapitavut qarsupiinnarassigit
ornitassi inunnik ataasiakkaanik
(arlaqalersunik)
akeqartarnera sussarinngitsutut pisarparsi
inuup
inoqatitta, asasatta qanigisatta
inuuneranik akiqarmat

tassaasiit oqaluuserisassanngortissanerlugu
kingullertut
piffissami
nalunaaqutserneqanngitsumi
suliasi suli uatsinnut
tutsiinnartassanerlusigik
nammatassatut

taamaallaat uatsinnut sinneruppput
suliasi
akiitsutut isikkoqarlutik
orniguttuartut

qaagitsi
qaagitsi
naammalerpoq, sualuleqaat!
peersitsigit
uagut sumukarnissarput aqulertigu
qimaanata peqatigiilluta
aallarta!
qaagitsi!
qaagitsi

Nunarput Danmarkilu sernigineqarlit—immikkut

Kalaallit Nunaat imminut napatissinnaangilaq
oqatsiassapput
suna tamarmi akiitsuuvoq
pissapput

maaniinngilagut iluanaarniarluta
ittuunngivillutik saassavaatigut
—aap, sunaaffa
soormiuna taava maaniippisi?

Naalagaaffik pissaanerlu

perlequjaat
aatsaat paasilerpara
oqartartusi
"tunisassiorneq
inooqatigiit nutaat
siuariartorneq" siunertaralugit
avammut oqaaseqarlusi isumaginiartarisi
sunaaffa nammineq upperinagit
sallu qillersalaarlugu uppernarsisarami

paasivara
qallunaat nunasiaqartut
sakkut toqutsisinnaasut atornagit
inuppalaartumilli naqisimanninneq
ministeriaqarfimmit aqunneqarluni—
"nunamik tigusigaanni immikkut oqaasilimmik,
    pissusilimmik
immikkullu inuusaaseqartunik inulimmik
aatsaat ajornartorsiutit takkussulertarput
annertuumillu iluatsitaarisariaqarpoq
piginnaassuseqartariaqarlunilu
nunasiaq pigiinnassagaanni
aqqutissaq pitsaanerpaaq tassa nammineq
nunasiami najugaqarnissaq"
—aallartitatigut

apustili Hans Egede oqarpoq: BIIBILI sakkugaara
Danmarkip kunngia oqarpoq: ANINGAASAQ sakkugaara
"nunasiarisap inuii iluarusutsittariaqarput
taamaanngippat nungusapallaannartariaqarput"

Kalaallit Nunaat
qattaavaq
ulikkaarsinnaanngitsoq
puulukinik, kukkukuut perlukuinik iteqqumillu
tikisitat juulaarfiat

Kalaallit Nunaat—
ajortuliat isumakkeerfigineqarfiat
—mittatigaatsit nunasiatut

paasivara
Avanersuarmiut nutsertitaapput
—sakkutuut inissaqarnissaat
inuit pilluarnerannit pingaarnerummat

kalaaleq kalavik
—kasseerpaat
atorfissaqanngimmanngooq

kalaallit tarningat
kultooriat
amigarporooq
—nutaamik nassaarput
naammaginaguli

Nunaput-aa
nataatsuuvutit
kalaaleq-aa nakkaaffiit nateqanngilaq
"ajortumeerigaanni ajortumiigaq suujunnaarsittariaqarpoq
akiniartinnginnissaq qularnaarlugu"

Kalaallit Nunaat
atsersimavaatsilliaasiit —Grønland
aapakorlutik
—tulugaq qaqortaq
qaani qarrakoq
itsineqanngitsoq—
akiitsukkaminnik isumakkeerfigeqqusut unnaviat
aallartitat sukisaarsaarfiat

Nunannguara
qattaavarsuuvutit ulikkaarfeqanngitsoq
nuannaralugu immissavaatsit
—suerullutit

naalagaaffik pissaanerlu naalannassuserlu
allat pigiinnassavaat
naassaanngitsumik?

Nunatta akiuussutaa

Ukiut unnorujorpaat nunatsinni
nunasiaqarniat pissaaneqarniarnerat
suunngilaq sanilliullugu
ukiuni tuusintilinni misigisatsinnut
silatussutsimut inuuniallaqqissutsimullu

Nunarput inuuneraarput
tatsit kuuillu
imaq sikulu
tuttu eqalullu
puisi arferlu
manna sisigisaq
tassa nalunngisarput
uanguussuserput

Aarlerinartulli sumi tamani
tujormisitsipput
sioorasaaripput
nunarput piumallugu
taqai imaarullugit
suna tamaat paatsiveerussarlugu
killilerlugit piniagassat
mamarisavut narrunarsarlugit

Qamutilissuit sorsuutillu
tiguanngilaatigut sapermatigut
Nassaalerpunaasit periarfissamik
toqoraanngikkaluarluni

inuunermik tillittumik
uukapaatilluta nikanarsarluta
qujaniarneq sallulu
annaanniarlutagooq
imminullu eqqaanatik

Kikkulliuku naakkinassusertik
isertorlugu
piummartunersuartik
sianiillikaarnertillu

Sooruna allat kisimik
kukkusartut
ilissilu suna sanik

Taava uagut soriarneq sapilertaraagut
ajukkutilerlutalu
annilaangatitaalersaraagut

Kisianni
isumaqassanngilatit
nalusat uagut nalunngilarput
ilisimasatit ilisimavavut

Tassa nunatta akiuussutaa.

Utoqqartavut naalattarpavut

Nunap timaani naapippara nerlerniaq
—utoqqartatta oqaappaatigut
"Ullumi sapaat
taamaammat aallaaniassanngilagut"
Utoqqaaammi oqartapata
naalattarpavut—ilaanni

Nerlerpaaluit assorlutik timmisut qulaappaatigut
aallaaniap timmiarsiunni kiviinnaqaa
ummiullugillu
seqqoqaaq
ataasersuaq nakkaqaaq
sinneri ingerlaannarput
—ullumi sapaat

Aqisserpalaaq tutsiuppoq
eqqannguatsinnut mipput
kaavillutalu
Utoqqartarput pilerpoq
"Aqissit uppinnit piniarneqartillutik
inunnut qimaasaramik
Nujuillisaaraangata
aallaaniarneq ajorpavut"
Utoqqaammi oqarpata
naalattarpavut—ilaanni

Kujasik

Anorlertalerpoq-aasit
teqeqqut tamakkiallugit supoortut
tamarmik immikkut sakkortussusillit
ilai sammivissisassaanngitsut eqqumiitsut

Kisialli taanna kujasik
soorlu nakimanerusoq
allanit sakkortunerulluni
ilaanni uulikulannartumik nillertarluni
kissakkaangamilu puullaaqinarsisarluni

Ilaanni atorsaasaraaq
sapernussutaassanani
assornissaalu mersernarani
Ilaasa artulertarpaat
allalli nukillaarutigisarpaat

Sivitsuupparput oqqumuuginnartarluta
soorlumi maliguutiinnartarluta
ajukkuttutut saannaveerlugu
naak peqqutissaqarata

Ila tamakku pissutsit qaangiutereerput
asuli maniguutiinnarsinnaanngilagut
akiuuttariaqalerpugut
nukivut ataatsimut kattullugit

unitsitassaanata
Sapiissuserli pisariaqavippoq
Taanna anori kujasik
Assumut saapparput
Ipummiullugu

Kiisami anertikkarneq qaangiuppoq
Soorlumi qatsortoq
Atorsaaqqilerpoq

Pulaartutsinnut

toqukkamma suallappit?
naammassisassat naammassisoriviuk
isumaqarpit timera issunngormat
anersaara toqusoq
aat?
suallappit tikikkavit
suallappit pulaaravit!

inussiarnernersuarput
atornerlukkakku
tikeraarlutit uniinnaravit
nerisassat nerliunneqanngitsut suli
tigullugit

inussiarnernersuarput suiuk
sooq atornerluppiuk
tikilluaqqugatsigit
qujanngilatilluunniit
isumaqaravit uagut
nuna taama angitigisoq
kisitta pigiinnarsinnaanngikkipput
isumaqaravit piorsaaneq
qanoq-ittussaq kisivit nalunagu
ukulu piorsakkatit
sumik isumaqanngitsut

oqarfigissavakkit
naammalerputit
qujatsueqisutit peerit!

nunarput kikkunnulluunniit angivallaanngilaq
inuiaat kikkulluunniit inuuniarnerat
naammaginanngitsutut eqqartugassaanngilaq

paasivatsigit suniarlutit pulaarsimasutit
naammagileqaarput ilutsinnut allaat
pulaniarnerit!

Uummatip qaqqaa
(Kunuunnguup nunaa ullumi)

Eqqaassutissarsuarminiit
Kunuunnguag nasippoq
siku maniillersimasoq alakkaamallugu
Taamaattoq qimusseqanngilaq
piniagassaqaranilu

Killingusaamiit nuivoq umiarsuaq
timmisartorlu nuissaniit puttulluni
Ittuppalussuaq!
Thule nutaaq nueqaaq
amerikamiorpassuit
qaqortut qernertullu

Inughuillu ataqqinat
qimussimik qaanngukkut qaqipput
qungujullutik tikilluaqqusipput:
"Tikeraat, uninngagallassanerpisi?"

Ukiut ingerlapput utoqqaat toqupput
Inuillu ungoorneqarput ungasissumut
Miteq akianut Moriusamut nunnippoq
isikkivigalugu Uummannaq
angalasorsuit tamarmik aallaaviat

Takorluukkat apuuffiannut
taqqat uummammut aqqutaannut

Maani ilerfi takussaapput
sanningasut napapput nunami
sakkutuut tummaarisaanni
Nuna annaasaq

Arnarulunnguaq inuusoqaluni
angalatoorsuaq Inuit Nunaanni
Maanna ilerfanit takussaavoq
alapernaarsuut
suna tamaat isigigaa
Inuit najugaat
nunarsuup affarsua

Qaanaami qimmit miaggoorput
arajutsissannginnamik pisussanik
Anersa nunarput
taarsuup ulilinnginnerpaa

Suli

Suli misigisimanngikkallartilluta
inuunerput maanngaannartilerlugu
Suli napaniassaagut

Suli napaniartilluta
nukittuutut misigisimalluta
Suli ilaqassaagut naalliuuteqartunik

Suli ilaqarutta naalliutsinneqartunik
misigisunik tapersersorneqaratik ilaqaratillu
Suli allanngortitassaqassaagut

Suli suminermik allannguisoqanngippat
ilagullu nanertortuarlugit
Suli peqqutissaqarpoq aarlerinissamut

Suli aarleqquteqarutta
susinnaajunnaartutullu unilluta
Suli allat naqisimajuassavaatigut

Suli naqisimanninneq atuuttuarpat
ajukkunnerullu inuiaat qulangersimappagit
Suli peqqutissaqarpoq akiuunnissamut

Suli akiuussinnaatilluta
anguniagaq ersarikkaluaq nalulluguli qanoq ornissallugu
Suli pisariaqarneruvoq misigisimassalluta inuusariaqarluta

Suli isumaqarutta inuusariaqarluta
inullu inuunermini anguniagaqarpat
Suli imminut upittariaqalinngilagut

Nunarsuup isuani

(Dasvedanja, davarish, spasjiba)

Inuit nunarsuat tupinnartorsuuvaq angingaarami
Nunarsuaq kaajallallugu
isuaniit isuanut.
Naassaanngiusartumik angalasariaqarpoq
paasillarlugulu sunaaffami taama qanitsigigaluarpugut
Sorsunniat killeqarfiliussaat upperiusaarigut
Beringip Ikerasaatigut
akimut suna tamarmi ersippoq
aalaterivagut inuiaqativut
killeqarfik suuneerullugu.

Alapernaarsuussuit Alaskami Tjukotkamilu
inuup aalanera tamaat takusaraat
Inuulluaqqullugu aalateraarput sorsunneq
Tikilluaqqullugu aalateraarput eqqissineq
Sunalu tamarmi ersippoq
Thulip Krasnojarskillu radariini.

Inuit naapitatta qanilaassusiisa
Seqinimi, Provedinjami Ungasimmilu
aatsippaat akeqqersimaarneq.
Nunatsituulli maani, tamassa puisit
timmissallu ingerlaartut, massalu arferit
Qanoq piniartarpisi?
Aap, uatsituulli.
Unaaq umiarlu suli atuupput
apeqqutaavorli pisassat killilikkat
aammami sila, soorunalimi

Maani piniartoqatigiit
perestrojka tapersersorpaat
inuutissarssiutitigut aaqqissuussineq tamanut atuutissaaq
nunaqqatigiit pisanik agguaaqatigiittarput
Ataasiakkaallu namminneq aamma piniartarlutik
ilissinnituulli, aat?

Mumisitsinersuaq uatsinnut apuutinngilaq
uagummi maaneereerpugut
Partiimi? Sooq, russit taanna erloqissutissaraat
Aa, usi angakkortarput Sovjetip qullersaannut ilaavoq
partiip ataatsimeersuarneranut ilaavoq Moskvami
suli utinngilaq, immaqaana Aerofloti kinguaattoortoq
immaqaluunniit ukiut tallimakkaartumik pilersaarusiaq
suli oqqassutigaat.

Mallit qaartarpaluat erserpoq
maani sissarimmi Seqinimi.
Inngertut tamaat akimortarpaat
taava uummatitta tillernera tusaalersarparput
maani Nunarsuup Isuani
misigalugu inuuneq isoqanngitsoq.
Angalaqatigut Alaskamiut pulaakkagullu ilassiuuttorsuupput
oqaaseqatigiippummi nutserisoq paatsoortillugu
ilaqutariit naapipput
sunaaffa tamarmik atsiaallutik.
Tunissussuarnik artorsarput Moskvamiit Washingtonimut.

Nunaqarfiup majip aallaqqaataasiorfiani
Leninip eqqaassutissaa tupigusuppoq
aajuku inngertut aaj-ja-jaa
isigai Issittup naasui meeqqallu assuartut
Inuit nunaannit tamanit atukkat
Pissuma utoqqarsuup
mumisitsineq nutaaq manna atissarsiorpaa.

Alaskap kitaani qeqertaq Diomede Minneq ippoq
Tjokotkallu kangiani Diomede Annerulluni
Minneq USA-mi Annerlu Sovjetimi
Ikinngupput Minnermeersuuvoq
upperinngilaali oqarluni putusaarisut
Minneq Annermit anginerusoq unnerpaa
Pigaluaratsigu, pigaluaratsigu kukkunerarlugu
naggataagut nipangiutiinnaqaarput.

Ilumut, Nunarsuaq angeqaaq
Inuilli nunai anginerupput.
Inuiannguit allat Tjuktinik taagortut Anadirimi
naapippagut, ilatta inooqatigisaat
isumaqatigiippugut inuiattut akaareqatigiinneq illersussagutsigu
matuma ippernarsui Nunattalu ippernai ingalassimatinniartariaqari-
aamma nuliullarunik suli puullaaqinarseriaannarlutik
Pissaanilissuit suli puullaaqinerulerunik
ikuunnallutik Nunarsuaq piuneerutissaqaat
Maani Nunarsuup Isuani.
Dasvedanja, davarish, spasjipa.

Ullaamiit unnussuarmut

Inuunerup aqqutaatigut ingerlaarpugut
ulloq qaaguni taarmut tammassaaq
seqineq nuisaraaq tarrillunilu
Aaj-ja Aaj-ja

Soorlu uanga misigisakka
ukuupput paarlakaattut
aliasuutit nammallugit
pilluarneq aqullugu
Aaj-ja Aaj-ja

Tivasoq inngerpoq
uinik masatsillugu
kamanneq uukkaallugu
nipi suaarullugu
Aaj-ja Aaj-ja

Qittattut tukkarput
uiguleriissillugit siammarpai saqisaap
Nutsugiartoq illunnaalersuivoq
ilannguilu avitittarlugit
Aaja-ja Aaj-ja

Erinarsoqatigiit appipput
Nuna asiilasooq atorlugu
qatituut sakkukipput
qataannerillu qataajaqillutik
Aaj-jaa aj-ja-jaa

Tupilliaq tamassa paatsiveeruppoq
assiliortutsinnut ajukkutilerluni
Aasiviup nipilersortui
akunneq tamaat tusarsaapput
Aaj-ja joqquu

Taalliortut ajukkutinngillat
likkami allakkat
kipiluttunartumik suaartarput
taqaarullutik isaarullutik
Aaj ajaar

Silamiut Tuukkartalimmik
pisaqaqigamik
supoorpoq anersaaq
aliortutut uulikulannartumik
Aaj-ja arrii

Siulitta, nalitta kingulittalu
aarnuaraat inuuneq
inuuneq naassasoq
ingerlaqqillunilu aqagussamut
Aaj-ja aaj

Qivittut angakkut
ilisiitsullu
akornatsinniipput suli
ullaamiit unnussuarmut
ammasarlutik
Aaj-ja aarr

Aliasuutit peeruppput
nukittuninngorpunga
inuuneq naleqarpoq
tupinnartumik
Killitsikkama taamaatiinnarpunga
Aaj-a iiugguu!

Anernerma naggataani

Kangerluup takeqisup qinnguanut ingerlaarpugut
silaannaq oqiliartuaaq kissalaalernerani
Taannaqami ilummut appakaannissaq
Qilanaarnaq maqaasisap kingumut takoqqilernera

Qaqqarsuit portoqisut atangerlugit
soorlumi tungitsinnut uppiliinnaqisut
Sukkanerusumik qaangipallarusunnat
—qaa illummut tuavi

Eqqarsaatikkut-aasit apuutereerlunga
—timera kinguleruppoq

Sermersuup uukkaanerisa iliuliamerngi
sikutoqqallu maniilaasa puttaavi
kiisami siutsinni apullattaalerpavut
arriillisariaqalerpungalu
uffa tuavioq.

Tassami kangerlimanermut appakaappugut
Saarfaalu silammut saalluni
sikutat avammut aallaruppai

Paaq allorsimalluni puttallariasaarpoq
timaa siaarami imaap qaani
soorluli ikkarluk qatsungarnup qeqqani

Taassa kangerluup sarfaata unilerneranut nalunaarut
—uumasulluuniit eqqissipput
Aamakku aallaat naajat nipeqaratik ilummukaarput

Tassami maqaasisaq takoqqilerpara
takorniorneq siornarnit sakkortuninngorluni
tassa maani
ulloq taanna

Silaanaq oqilivoq
nunasunnialaaq tipingissilluni
kialaaq
soorlu timit asasut attuunneri

Aavarfimmit pavani qaqqqat qaavini
Artorsaloorlunga anerterivunga
soorlumi ivertut ippullugu
kiisa unippunga anerterilerlunga
ingillunga qaarsup qaani

Avungarsuaq killingusaaq tikillugu isikkivingaara
anerterilerpungalu
qasunerup pilersinngisaanik
ilunngunartumik

Qaqqarsuit isigilerlugit
pavani ungasissumi tungutsoriiit
eqqaasaqarpunga
qiasunngulerlunga
asanninneq annaasaq
kipisaneq

Qaqugumita misigeqqissanerpara
pilluarneq minguitsoq

Suna tamarmi aanngarpat
—anernerma naggataani?

Anersaama nipaa

Oqaaseq allatara
tassa oqaaseq atuagara
allatama nipaa
oqaatsima erinaa

Allagaq atuagara
tassa oqaaseq allatara
oqaatsima nipaa
allatama erinaa

Asannineq tunniussara
tassa ilunni tusaasara
anersaama nipaa
asanninnerup erinaa

Isussunneq tusaasara
tassa qamani ittuttoq
torlulaartup nipaa
isussunnerup erinaa

The Veins of the Heart to the Pinnacle of the Mind

Aqqaluk Lynge's Poetry of Survival

Melting icebergs, melting Ice Cap—Greenland is at the center of global climate change; but Greenland has also been the center for a change of equal magnitude—the change from a traditional hunting society into a modern society with strong links to both Europe and North America.

Greenland had been a traditional Inuit hunting society for several thousand years. The Vikings arrived in southern Greenland around 1000 AD but mysteriously disappeared by 1400 AD. Whalers and other seafarers had occasionally passed its shores but it was not until 1721 when the Danish Lutheran minister, Hans Egede, arrived that a new period of contact with the outside world started. Christianity and trade were introduced by the colonialists but the old hunting society adapted and persevered. Greenland was very much a closed colony, run by Danish officials until 1953, when Denmark amended its constitution to end the colonial administration of Greenland.

Life in Greenland then changed rapidly, often too rapidly, and a constant fight for survival began for the Inuit culture in a modern and foreign world. As Greenland emerged from its colonial past to assert its own individuality and priorities, it entered into a modern period of Home Rule and increasing autonomy, maintained by its own unique northern culture.

Many former colonies wanted their liberation and autonomy in the 50's and 60's and so did young Greenlanders. Among the indigenous leaders at this time were a group of young Greenlandic students in Copenhagen. Aqqaluk Lynge was a leader of this group, Kalaallit Inuusuttut Ataqatigiit (Young Greenlanders Council), who initiated many of the cultural and political changes which eventually gave rise to the establishment of the Greenland Home Rule Government, in 1979.

Out of the frustrations Aqqaluk Lynge experienced while a student in Denmark, grew both his political consciousness and a concurrent artistic awakening. As he told me in conversation, 1984:

> *"In the 60's and the 70's, there was a feeling here that we ought to be grateful for the modern health services, but at the same time, of course, they also meant a destruction of*

a great deal of our culture and identity and self-respect. It was the fight to win back the self-respect that resulted in the whole wave of young poets, artists and musicians that have shaped the intellectual life here during the last 10–15 years. This has created the basis for the increasing political consciousness that has come to Greenland."

Aqqaluk Lynge graduated from the Copenhagen Social College in 1976. This provided him with a framework to view the social ills caused by Danish laws created to assimilate Greenlanders as ersatz Danes. The results of this attempted assimilation, coupled with the change from a subsistence to a mixed economy and the destruction of traditional Greenlandic life, were evident in the many suicides, the abuses, the alcoholism, the alienation and despair caused by these all too rapid changes. The years between 1960 and 1980 were revolutionary; though many changes appeared peaceful on the surface. For the "Greenland revolution" was one of the very few bloodless revolutions in the history of former colonial regions, but the human costs remain very great.

During these years, Lynge's rebellion against the Danish rulers" and the compassion for his fellow Greenlanders grew and began finding expression as poems. He had started to write poetry as a young student but when he returned to Greenland in 1976 after studying in Copenhagen, he started to write more seriously:

> *"…I couldn't stop, it just continued. I wrote a lot of political articles, I wrote political poems because when I used to write political articles, those things that I thought took too long or were too difficult to explain in the articles, those I would write poems about. Most of them started from feelings, not from concrete political thoughts, but from feelings which I think a lot of us have, and had, and feelings that ought to be communicated to Danes and other outsiders…"*

In order to reach both a Danish and a Greenlandic audience, he wrote in both languages and now, also, in English. The poems differ somewhat from language to language:

> *"I write in both languages. This means that even if it is the same poem, then the two languages can address themselves to two different audiences. And it is, of course, a fantastic possibility one has to be able to write in several languages..."*

This volume includes the Greenlandic and English versions of his poetry; the poet has been closely involved in the translations and though they are the same poems they also differ because of the unique character of the two languages.

His poetry is a reflection on recent Greenlandic history and social change as the traditional Inuit society has been pressured into the new mold of a modern

Scandinavian society whose values and organization often is at odds with Greenlandic society. For Greenlanders, this has meant a fight for survival in the face of impositions from the outside and the Danish authorities attempts at "danishnization". The attempt at assimilation is a struggle mirrored in many former colonies and indigenous communities around the world; these poems could also be their stories.

In any indigenous community, there is usually a very close inter-relationship between culture and politics. Cultural independence is a pre-requisite for political independence and political independence cannot exist or even be engendered without cultural independence. Poets, painters and writers have been on the forefront of social and political change, speaking out on issues of cultural and political domination and their own societies' quest for independence; their voices are very powerful because they touch and reflect the popular imagination.

Aqqaluk Lynge has combined poetic imagery with political action to become one of the most influential Greenlanders, both at home and abroad. He is presently the Greenland president of the Inuit Circumpolar Council (ICC), the international organization which unites and represents all the world's Inuit. He is the founder of the Inuit Ataqatigiit, one of the main political parties in Greenland and cofounder of Aasivik Cultural Summercamps (1975–1993). He has served as a Member of Parliament as well as a Minister of several portfolios in the Home Rule Government in Greenland. He is an established author and filmmaker, and is active in the Greenlandic Authors' Association. He was on the Board of the UN Permanent Forum for Indigenous Issues (2005–07) and continues to fight for the human rights of indigenous peoples around the globe. His life-long commitment has been honored by the award of the national medals of distinction both by the Greenlandic Parliament and by Queen Margrethe of Denmark.

Aqqaluk Lynge's poetry represented in this volume spans nearly 35 years. The poems speak from the heart but also the mind; they rely on strong images drawn from traditional life, the people and the geography of the land he loves so dearly. The early poems of rebellion and opposition to the Danish colonialists; the passion is still the same but his tone has changed. Greenlanders have survived the many changes and now not only have their own government but also a thriving modern society which is slowly overcoming the hurts and limitations of the colonial times. The later poems reflect this change in attitude; they are not as rebellious as the early poems but begin to celebrate the successes of Greenlanders and other Inuit as they emerge as indigenous leaders on the world's stage. New relationships are being formed not only with other Inuit communities but with other indigenous peoples and also with Denmark. The revolution is not quite over, but there is no longer any doubt that Greenlanders, the land and the culture they love, will survive.

Today Greenland has its own parliament and a Home Rule Government with full powers in most areas of jurisdiction; it is still a part of the Kingdom of Denmark but is increasingly establishing new and close relationships with North America as well as to Inuit in Alaska, Canada and Russia. Though the human costs often were too heavy and there are still battles to be won, contemporary Greenland may be considered a success story.

Many of the world's indigenous groups look to Greenland as a model for what can be achieved in a modern indigenous society. The fight for survival still continues among many of the more than 330 million indigenous peoples, as "stolen generations" continue their fight for their rightful places in the world.

Aqqaluk Lynge has become one of the most respected and influential indigenous leaders in the world today. The *veins of his heart to the pinnacle of his mind* have been steadfast and faithful, always focusing on the betterment of his people: not only Inuit, but all indigenous peoples.

In recognition of Aqqaluk Lynge's extraordinary contributions to human rights and the advancement of indigenous peoples, we are proud to publish this volume of poetry and dedicate it to indigenous peoples around the world. We hope that this poetry will continue to be an inspiration to them in their struggles for cultural and political survival.

Marianne Stenbaek
McGill University
Montreal, Canada

A Life of Respect

In the old days
when we still lived our own lives
in our own country
we could hear
as faraway thunder
the caribou approaching
two or three days in advance

Then we did not count the animals, but knew
that when the caribou herd arrived
it would be seven days
before all the animals crossed the river
We did not count them
We had no quotas
We knew only
that a child's weeping
or a seagull's cry
could frighten the animals away

Then we knew
that there is a balance
between the animals and us
lives of mutual respect

Now it is as if we are under arrest
The wardens are everywhere
We are interrogated constantly
In your hungering after more riches and land
you make us suspect
force us to justify our existence

On maps of the country
we must draw points and lines
to show we have been here
and are here today
here, where the foxes run
and birds nest
and the fish spawn

You circumscribe everything
demand that we prove
we exist
that we use the land that was always ours
that we have a right to our ancestral lands

But now it is we who ask
by what right are *you* here?

The Little Women

First your husband died
and later your brother
and the journey had not even begun
In spite of this, you made a big decision
which later became the long sled journey

You participated in all the difficulties
For a woman a journey was a journey
and work was something
that had to be done
whether it was a man's or a woman's
After a hard day's travel
camp had to be made
You had to provide something warm
see the lamp was lit
and food was cooked

Later you sat on the sleeping platform
with back bent over the skin
with the cutting board and the ulo
a piece of fur
some sinew and a needle

Arnaralunnguaq!*
the stitches you sewed
were as many
as the steps of your journey

When you drew the sinew thread
up across your cheek
to smoothe it out
what did your eyes see
what thoughts traveled through your mind?

Arnarulunnguaq, your long journey
which became one man's honor
was for you just a passage
a hunting trip
like so many others

You sat alone with your eyes
looking upon a life you fully enjoyed
With the two men of the sled
you helped to push and pull
sweat-soaked in the cold
You went along on a hunt after food
the hunt for survival

What were your innermost thoughts
in the merciless hunt after fame
which meant nothing to you?
What was that glory to you
who knew that the giving of life
the preservation of life
is far better than glory?

Everywhere you have been
you and Miteq are remembered
Everywhere you have been
Arnarulunnguaq
your good nature, your smile and laughter are remembered
No one has created a memorial
or statue or book
but the strength of your spirit
remains a link
for our people
Without you the world would be much smaller
and our journey unfulfilled…

**Arnarulunnguaq and her cousin Miteq (Oaavigarsuaq) are the only Inuit who, together with Knud Rasmussen, finished the Great Sled Journey (1921–1923).*

The Long Journey

Here I am, standing suddenly at the world's end
pushed out from the big nothingness
Amazed, I open my eyes wide
and rub them
Imagine if I had not come to this place
that I always dreamt about
Imagine if it was no more
What was it now
that just this moment
said to me
Here you are
at the world's end

Here you have the mountain
the heart's old settlement is deserted
and yet my soul moves!
I stand here in the middle of everything
at the world's end
at the heart's old settlement
and talk and laugh
happy over this reunion
even though it is the first time
I meet the sons of Mitcq

They look for a tombstone for him
from the heart of the mountain
at the heart's old settlement

The journey was long
unreasonably hard
All of a sudden
everything stands before me
and I feel like Arnaruuk
who looks out over
the dog-less sleds and
the houses that stand on top of each other
and I remember the man
in Naajaat
who at the sight of a picture
of my house that stands on top of another
exclaimed
well, then the end of the world has come
You are no longer Inuit

At that time I was insulted
not by words
Only a thought
passed through my mind
and made me afraid
We are no longer
what we were
we have become…

On the long journey
without a sled
a journey in the Inuit world
a hunt after roots
an old man in Tikeraq
"the index finger shaped promontory"
told me
that once long ago
yes, over ten thousand years
we journeyed from there
towards the east and towards the west
The journey was long
and the time equally so
Life continued
and we parted from each other
Families were started
New tribes were created
The pulse of life was secured
Tombs
were found everywhere
in the heart's old settlement

A sudden and violent death:
was that not what I felt
when I stepped out of the big nothingness
and looked out over Moriussaq
Miteq's settlement
with a view of
the heart's old home
that others have laid claim to
that Inuit may not come to
for hunting or for pleasure?
For the end of the world stands there
at the heart of the mountain
as a monument
to our eternal longing
The journey around the world
flows out into the big loneliness
Weakness becomes strength
at the heart's old settlement

A Curious Journey

What a curious journey
in a country where they believed
no human beings could exist

What a curious journey
and they found human beings
who knew nothing of others
but call themselves human beings

What a curious journey
and the hospitality was abundant
but it was impossible to satisfy the guests
boundless greed

What a curious journey
everywhere they went
they examined the people
and took their clothes, sleds and equipment

What a curious journey
for in such a big country
they hardly have enough heroes
to give their names to placcs

What a curious journey
and every island or fjord
promontory or mountain was named
to honor those back home

What a curious journey
and returning again
with maps of the country
and tales of the people they saw

When the curious journey had finished
and they had arrived back home
they became famous, earning medals and fame
for having explored a country where human beings live and dwell

Easing In

"Easing in" has always been your best weapon
It does not leave open wounds
it does not amputate our limbs
nor does it kill

Instead you survey the land
and say there is too much—for us

Instead you count the animals
and say there are too few—for you

You impose laws and quotas
and give us a bad conscience

You import illnesses
and give us a hospital

You give us a school
and steal our language

You spoil our way of life
build us houses
we can only afford
if you give us "hand-outs"

But now we say
the one who gives charity
does it to appease his own guilt

The hand-out
is a prayer for mercy
either from heaven
or from the betrayed

You need mercy
but we do not want charity
We want the land that was always ours

Soon we will go Hunting

Revolutionary-romantic: that's not me
Communism: I don't know what that is
nor do we speak about it here

But there is one thing that's completely wrong
well, actually everything
They've bought my boat
They've built my house
They've taken my daughter
In a different way, they've also taken my son

Nothing is mine anymore
Soon it will be all theirs

Nobody tells me
what's wrong
but I already know
what it is:
it's the draft
it's the cold
it's the ice
shifting and uncertain

Soon we will go hunting

When my Shadow Disappears

The eternally traveling eskimos
felt no need to settle down
in one special place
But when the whites came
and found they could draw money out of the ground
they built a mining town
and summoned the eternally traveling Inuit
before them

The old bearhunter
is one who was summoned
Look at him now!
…manpower superfluous
…re-socialization a failure
…four fish/ per day/ per person
…hunting conditions far from ideal

" They took our old way of life from us" he says
Now they hunt us
beg and entreat us
to display our stolen past
Now we sit and remember
the life that has vanished
We draw some lines on paper
We sew some patches on cloth
We whittle on wood, or carve in stone

We imitate the life that was ours
that once was our own
Soon I'll be finished
empty and worn
yes, even my teeth will have left me
and no one will chew for me
my fingers stiff as old bones
and my strength gone into the land

What will be left of me then…
when even my shadow disappears?"

They Took Part of Ourselves

I saw right away in your desperate face
what you wanted to tell me
what it was that had happened
Our eyes met, and you knew that I knew
yet tears did not come

The winter has been cold
yet we feel some warmth now and then

Today
the sorrow descended
Thousands of years of survival
hidden in the proud ways of our fathers
hidden in our generation's frustration
were cut open
suddenly today
and flowed out
and out!

We have paid with our bodies and spirits
We have cried out in protest
and our cries have been heard
but put in abeyance
by an impotent bureaucracy

Today
the cries have fallen upon us
and now lie silent around us
There is no sound left to be heard
and we are paralyzed by its loss

One human being is dead
He sought his death alone
Is that what they mean when they say
"all progress has its price?"

Dear friends
let us gather together
and tell the people in power
that they must stop!

The path they have chosen
has cost us a brother
(and there will be more)
Their willfulness cost the life
of a human being—our brother's life
Yet they only make that the next point on the agenda
in their calendar without days

Therefore dear friends
those of you who are still living—
Come
it must be finished
They must be removed

We will no longer pay the price
We were not born to pay a debt that is not our own
or live a life that cannot be lived
a life we continue to live
only to witness its destruction

Dear brothers
we must find the way:
to a life that is free
to a nation that puts no one to flight
to a life we can live together

Suffering cannot be relieved by consolation
Oppression is something to fight against

The fight is ours
Dear brothers
not tomorrow, or soon
Dear brothers, it is now!

God save Denmark and Greenland—Separately

Greenland is a losing concern
they say
It's all a deficit
they say
We don't make any money from it
they say
Of course we don't really *want* to make any
they say

Oh really?
Then why are you here?

Ode to the Danaides

(Danish colonialism in Greenland)

Contemptible beasts
now I know
the mistakes of the past:
effective export production
modern society in Greenland
all the official optimists
who are cynical in private
and don't believe in the whole thing one bit
Government grants are business propositions
realism, realism
a real mummer's play

Now I know
that Danish colonialism hides itself in ministries
(not in defense or in justice
but in Northern Affairs)
Inhuman humanistic imperialism
cold war against the cold
—when you find areas in a country
with foreign languages, habits and laws
then the problems start!
A great deal of luck is needed to preserve them
especially when the conqueror lives in his new territory

The evangelist Hans Egede said: THE BIBLE is my weapon
the king of Denmark said: MONEY is my weapon
—either you have to win the people over
or else you have to destroy them—

Greenland
—the Danaides' trough
Completely gluttonous
they sent pigs
sent beasts
sent sewerpipes
sent colonialism
"sentisme"

Greenland
—we are the indulgence vendor's coffer
—as the money of Greenland jumps
out of Greenland
my soul slowly departs

The Thule people pushed out
—strategically

The coalminers of Qullissat relocated
—uneconomic

The Greenlandic cod production
—unprofitable

The Greenlandic people
—unqualified

The Greenlandic culture
—urbanized

Greenland, you are bottomless
Greenland, you fall endlessly

If you harm someone
do it so thoroughly
that you do not fear revenge

Kalaallit Nunat, the land of the skaelings
you with your enchanting, untrue name—*Greenland*
Sheep in wolves' clothing
completely frozen at the top
at the bottom, emptiness
the indulgence vendor's Klondike
—the Danaides' hobby

Must they have the pleasure
—of the power and the glory
for ever and ever?

(with thanks to Macchiavelli)

Arctic Riches

Centuries of the white man's colonization
and power
are nothing compared
to ten thousand years
of our own wisdom

Our land is our life
the lakes, the rivers
the ocean, the ice
the caribou and the fish
the seal and the whale—
Yes, nature
is part of our knowledge
insight into what is our own

But danger threatens from every direction
There are those who dig in our earth
empty its veins
change our foundation
There are those who limit the hunt
take away the good food
that sustains us

Because cannons and war
are ways
not used by our people
you use a method
that does not, in itself,
annihilate life
but diminishes our strength
With slyness and flattery
you pretend
it is us you are serving
not yourselves

But who is it that really
hides his weakness and stupidity?
Why is it always
the others
who make mistakes
and you who are right?

You teach us
disdain for ourselves
You threaten us with extinction

But what you believe
we do not believe
What you don't know we do know
what you know we know as well
for these are our arctic riches

We Listen to the Elders

I meet him on the land
goosehunting
Today is Sunday, he says
no one is allowed to shoot
That's what the elders say
and we listen to the elders…
    sometimes

A flock of geese are coming
fighting against the wind
He takes his rifle
and shoots at them
One falls to the ground
The others fly away
    Well, it is Sunday

A flock of ptarmigans
jump in a circle around us
No cries are heard
They are afraid, the elder says
The owls are out hunting
and the ptarmigans seek protection among men
Then we don't hunt them
That's what the elders say
and we listen to the elders…
    sometimes

The Wind From the South

The wind often blows
from different directions
Each has its special power
and each its strange whims

But mostly it blows from the south
and it has been strong lately
It can be extremely cold
or sometimes warm and irritating
Some call upon it
Some have the strength to resist
Others give in
and they are many

For too long we have turned our backs against it
For too long we have bowed down in respect
For too long we have treated the wind
with a dignity
it does not deserve

The times no longer suggest
that we just endure it
The time has come to fight against it
Nothing can stop us any longer
Courage and strength
are what we need most of all

The wind from the south shall soon be driven away
Our life shall be re-created
we all agree
...and there are many of us

To our Guests

What does it mean to you, the life you took away from me?
Are you sure that's what you wanted to do?
Do you believe that my soul disappeared
when my body was placed in the ground?
Was that what you expected?

What did you get out of your stay?
What happened because of your visit?

You abused our hospitality and moved into our house
You abused our friendliness and took
what had not been offered
You did not thank us for our welcome
because you were too busy talking about
the country being too large
for so few people as we were then

Little by little "development" became a word
that you wanted to own

Where you came from
it was not your own

That a people could be whole and equal
was unknown to you

You used that to further "development"
and our good will you manipulated to your own end

But I now say to you
ungrateful guests
enough is enough

No country is too big for its people
No people should accept being bound
in this way or that

Now we know why you came
We would like you to go
We would now like to stop
your attempt to penetrate into the cortex of our thoughts

You have overstayed your welcome.

The Mountain of the Heart

(Knud Rasmussen's Country Today)

As a statue Knud Rasmussen looks out
over the ice pack
No sleds, not an animal in sight

In the horizon a ship is coming
a plane comes beneath the clouds
A large bang and Thule Air Base is in view
with white and black Americans

The proud people Inughuit
hurry on sledges up the ice path
with big smiles and welcomes
"Guests, how long will you stay here?"

Time passes, the elders die
Humans are chased away to distant regions
From Moriusaq, Miteq looks
out at the Thule mountain, Uummannaq
from where all has commenced
The veins of the heart
to the pinnacle of the mind

Here humans are buried
and the crosses stand in the same earth
as the soldiers trampled on
the lost earth

Arnarulunnguaq who in her youth
traveled all around the Inuit-homeland

From her grave the radar may be glimpsed
looking out over all of the
Inuit-homeland, half of the earth

In Qanaaq, the new Thule, dogs howl
something is happening
Is darkness about to descend
over our country?

(In 1987 the US Missile defence cooled the cold war again.)

So Long As

so long as we do not feel
our own life is wasted
so long as we can hang on

so long as we can hang on
and feel ourselves strong
so long as there are others who suffer

so long as others suffer
and do not feel support and solidarity
so long as there is something that needs to be changed

so long as nothing is changed
and we trample on our own
so long as there is reason to be scared

so long as we are scared
and are blocked from doing anything
so long as others continue to oppress us

so long as there is oppression
and humiliation devastating our people
so long as there is reason to fight

so long as we can fight
and the fight is clear but unarticulated
so long as there is a need to feel that we have to exist

so long as we think that we have to exist
and human beings have their goals
so long as we should not pity ourselves

At the end of the World

(Dasvedanja, davarish, spasjipa)

Such incomprehensible expanses the Inuit homeland cover
that you have to go the whole world around
before the circle is completed
Infinite distances have to be traveled
before you discover, that it is not as far
as the cold-war warriors pretend
Yes actually one can look straight across
the Bering Strait and wave at each other
Across the invisible boundary

The radar installations in Alaska and Chukotka
Survey each individual human wave
We waved goodbye to the war
and hello to the peace
and it could all be seen on the radar screens
from Krasnoyarsk to Thule.
The human warmth we met
in Sirinike, Chaplino and Providinya
melted all the war-mad arrogance.

Here there were seals, birds migrating.
Here there were whales.
How do you catch them?

Oh, yea it is the same where we come from
Harpoons, umiaqs
decide it all and then whale quotas
And bad weather, of course.
Here in the collectives are the hunting brigades
also happy for perestroika,
the new economic order has to be developed everywhere:
everyone in the village gets part of the catch.
And what about the individual hunt?
…Yea, yea, is it not the same among all of you?
The revolution never reached us,
For we were already there.
The Party? Well the Russians are here, of course!
Trade unions—we are members.
By the way, the Shaman is a member of the Supreme Soviet
He is at a party conference in Moscow, has not returned
and is probably waiting on better times for Aeroflot
or the next five-year plan.

The ocean thunders against
the beach at Sirinike
The drum dance drowns out everything

We hear the beating of the heart
here at the end of the world
and feel that that life has no end.
The guests from Alaska chatter endlessly
in their own language and the interpreter finally gets a break...
Close relatives meet each other
and discover, that the elders gave them the same names.
Gifts are exchanged,
and there is surplus cargo from Moscow to Washington.

On the village's *First of May* square
the bust of Lenin looks out at his gathered people
at drum dance and aaj-ja-ja
at arctic flowers and children in national costumes
and Eskimos from all countries,
and the elder thinks of
a new name for the revolutionary progress.

Off the west coast of Alaska lies the island Little Diomedes
and off Chukotka's east coast lies Big Diomedes
The little one belongs to USA
The big one to USSR.
Our friend from Little Diomedes speaks about propaganda
and is of the opinion that Little Diomedes is well
much larger than Big Diomedes.
In spite of many efforts to convince him
of the opposite, at last we must give up.
Yea the world is big.
The Inuit-homeland is much bigger.

Here among our Chukchi friends in Anadyr we agreed,
that peaceful co-existence between our people is good,
but to get Greenland's mosquitoes to breed
with Chukotka's mosquitoes would only result in elephant mosquit
That will only complicate the peace process and
lead to the end of the world.

Here, at the end of the world.
Dasvedanja, davarish, spasjipa

From early morning 'til late night

Our journey across life continues
daylight swims into the darkness
the sun goes up then down
Ai-yaa Ai-yaa

On my own experience
I could tell in a few words
To wear the burden with dignity
and the happiness with pride
Ai-yaa Ai-yaa

The man with the drum
with sweat running down his skin
an angry outburst
on his lips this song
Ai-yaa Ai-yaa

The reel is being played
the dancers tramp on the floor
the harmonium flows
and is off tune
some drift apart and others
move together
Ai-yaa Ai-yaa

The choir is singing
the national anthem
The bass is weak
sopranos are shrieking
Ai-yaa Ay Ai-ya

Our effigies and art are for sale
as souvenirs for tourists
the rockmusic plays all night
at "Aasivik,"—the summercamp
Ai-yaa Ay-Ya-Yaa

The poets are not shy
the graffiti cries on the wall
in severe depression
Aai-Aai Ayaarr

The human being has it's lance
in the middle of our soul
and sends fresh air
on to the ghost's despair
Ai-Ya Errii

Ancestors, present and in the future,
wear the amulettes
to the end of our lives
and further to dawn
Ai-yaa Aay

The hideaways, the shaman
and the witches
still surround us
and remain open
from early morning to dawn
Ai-Yaa aarr

The melancholy has gone
and I'm awakening
to new optimism
And then I catch myself
in my own selfishness
Ai-Yaa Ii-ughuu

My Last Breath

Our journey begins along the long fjord
The air starts lighter and warmer
Joy of anticipation surges us forward

The mountains almost fall over me
Cliffs are leaning against the sea
I want to sail quicker
pass swiftly

To continue in imagination
is stronger than possibility
—my body will follow

Old icebergs are flowing
from the glacier not far from here
Old sea ice blending in
bumping against the bow of the boat
We must slow the speed
without wanting to.

Soon the fjord becomes visible
The current swims away with the ice floes
Seabirds appear on the surface
to show their large bodies
as an island in the middle of the shining ocean.

It's the quietness of the fjord's silent stream.

Even the seagulls fly past without a sound
The longing for reunion
is stronger than last year
right here to this day

The air is lighter
of the smell of earth and flowers
And warm as a shared touch.

On top of the high mountains
I have huffed and puffed
as in a drum dance trance
—I must find a knoll to recover in.

With a view over the horizon
I gasp the air
and look out over the blue-green mountains
I gasp my longing

And sigh after the love
for the love
I lost
for that part of myself
that I no longer find

Where are you now
you big nothingness
where should we meet

at the end
of my last breath?

The Sound of my Song

Every word I write
It's the word I read
It's the sound of my words
The soul of my letter

Every word I read
It's the word I write
It's the sound of my letter
The soul of my words

Every love I give
It's the love I hear
It's the soul of my love
The sound in my ear

Every whisper I hear
It's the cry of despair
It's the sound of my soul
The soul of my song

International Polar Institute Press
Post Office Box 212
Hanover, New Hampshire 03755 USA
Typeset in Futura and Bembo

200 signed by Aqqaluk Lynge
200 atsiugaq Aqqaluk Lynge
1000 copies/ naqitat
printed/ naqinneqarfia
April/ Apriili 2008